AF199543

Hashimoto & ich

FSC
www.fsc.org

MIX

Papier aus ver-
antwortungsvollen
Quellen
Paper from
responsible sources

FSC® C105338

„Hashimoto" habe ich geschrieben, um es mit anderen Betroffenen zu teilen. Viele meiner Leidensgenossen, werden sich vieleicht in diesem Buch wiederfinden.
Ich möchte, Betroffenen Mut, Hoffnung und Geduld vermitteln.

Hashimoto hat mein Leben grundlegend verändert.

B. Rückenwind

Hashimoto & ich – Mein Leben

Eine wahre Begebenheit

Bibliografische Information der Deutschen Nationalbibliothek: Die Deutsche Nationalbibliothek verzeichnet diese Publikation in der Deutschen Nationalbibliografie; detaillierte bibliografische Daten sind im Internet über dnb.dnb.de abrufbar.

© 2019 B. Rückenwind
1. Auflage 2019
Alle Rechte vorbehalten.
Herstellung und Verlag: BoD – Books on Demand, Norderstedt
Lektorat: Eva Maria Nielsen, www.lektoratderrotefaden.de
Buch-Innengestaltung: buchseitendesign by ira wundram, www.buchseiten-design.de
Das Werk, einschließlich all seiner Teile, ist urheberrechtlich geschützt. Jede Verwertung außerhalb der engen Grenzen des Urheberrechts ist ohne Zustimmung der Autorin unzulässig und strafbar. Das gilt insbesondere für Vervielfältigungen, Übersetzungen, Mikrovervielfältigungen und die Einspeicherung und/oder die Verarbeitung in elektronische Systeme.
ISBN: 978-3-7481-7545-2

Einführung

Hashimoto-Thyreoiditis?

So viele Fragen? Was ist das denn? Komisches Wort, das habe ich noch nie gehört. Ist das chinesisch? Kann man das essen? ...

Die Hashimoto-Thyreoiditis ist eine autoimmun verursachte Schilddrüsenentzündung. Autoimmun heißt: Der Körper bildet fälschlicherweise Antikörper gegen die Schilddrüse, deren Gewebe als fremd angesehen wird. Dies führt zu einer chronischen Entzündung der Schilddrüse. Die Hashimoto-Thyreoiditis ist somit eigentlich keine Erkrankung der Schilddrüse, sondern des Immunsystems. Die Ursache für die Erkrankung ist bisher nicht eindeutig nachgewiesen.

Dabei treten bei etwa 25 % der Erkrankten auch andere Autoimmunerkrankungen auf oder sie bestehen bereits:

- Magen-Darm-Erkrankungen wie *Colitis ulcerosa,* der *Morbus Crohn, Leakey-Gut-Syndrom, Zöliakie* und *Gastritis;*

- Lebererkrankungen wie eine chronische autoimmune *Hepatitis;*
- Bluterkrankungen wie die *perniziöse Anämie* mit Vitamin B12-Mangel;
- Hauterkrankungen wie *Vitiligo;*
- Erkrankungen der Nebennieren wie *Morbus Addison;*
- Gynäkologische Erkrankungen wie *Endometriose;*
- Herzerkrankungen: Herzinfarkt, *Mitralklappenprolaps,* Herzentzündungen, Herzrhythmusstörungen, und Herzinsuffizienz;
- Herzerkrankungen bei einer Unterfunktion der Schilddrüse;
- Gefäßerkrankungen wie Arteriosklerose und Entzündungen der Gefäße;
- Stoffwechselerkrankungen wie *Diabetes mellitus;*
- Rheumatische Erkrankungen wie Kollagenosen und die *rheumatoide Arthritis;*
- Augenerkrankungen wie *Endokrine Orbitopathie.*

Stress, seelische Belastungen, die Hormonumstellung nach einer Geburt oder in den Wechseljahren können dazu beitragen, dass die Krankheit ausbricht. Auch ein nicht auskurierter grippaler Infekt kann das Immunsystem schwächen, so dass die Krankheit ausbricht.

Die Erkrankung wurde nach dem japanischen Arzt *Hakaru Hashimoto* (1881–1934) benannt. Die chronische Schilddrüsenerkrankung zerstört das entzündete Gewebe der Schilddrüse. Es erkranken mehr Frauen als Männer an dieser Autoimmunität.

Danksagung

Dies ist meine Geschichte. Nicht nur mein Leben wurde durch die Krankheit beeinträchtigt. Auch mein Ehemann Marc und meine Eltern und Geschwister, Freunde und Bekannte, die immer ein offenes Ohr für mich hatten, wurden genauso gefordert wie ich.

Ich danke Marc: Er hat mich durch die schwierige Zeit begleitet. Immer hat er mich voller Aufmerksamkeit unterstützt. Er blieb bei mir und ist mit mir durch die Hölle gegangen. Fast wäre unsere Ehe daran zerbrochen.

Darum bleibt mir nur ein Wort: Danke für deine unendliche Liebe und Geduld mit mir.

Vorwort

Vor langer Zeit habe ich diesen Text im Internet gefunden. Er beschreibt, wie der Alltag mit Hashimoto aussieht, wie die Krankheit das Leben beeinträchtigt und begrenzt. Lesen Sie ihn als kleinen Vorgeschmack, bevor ich meine Geschichte mit Ihnen teile.

Hallo, mein Name ist Hashimoto. Ich bin eine unsichtbare Autoimmunerkrankung, die deine Schilddrüse angreift und eine Unterfunktion hervorruft.

Ich bin nun Teil deines Lebens. Wenn du eine Unterfunktion hast, bin ich vielleicht die Ursache. Ich bin auf Platz 1 der Gründe dafür! Ich bin so heimtückisch, ich zeige mich nicht immer in deinen Blutwerten. Die Menschen um dich herum können mich nicht sehen oder hören, aber dein Körper kann mich fühlen. Ich kann dich überall angreifen und zwar so wie es mir gerade gefällt.

Ich kann Schmerzen hervorrufen, und wenn ich gerade gut gelaunt bin, sorge ich dafür, dass dir alles weh tut. Erinnerst du dich noch daran, als du voller Energie durchs

Leben gegangen bist und Spaß hattest? Tja, diese Energie habe ich dir genommen und dir dafür Erschöpfung gegeben. So, jetzt versuch mal Spaß zu haben!

Ich raube dir den Schlaf und gebe dir dafür ein vernebeltes Gehirn und Konzentrationsmangel. Ich kann dafür sorgen, dass du 7 Tage, 24 Stunden lang schlafen möchtest, oder ich verursache Schlaflosigkeit (wochenlang). Ich lasse dich innerlich zittern, sorge dafür, dass es dir zu kalt oder zu heiß ist, wenn alle anderen das nicht fühlen. Ich lasse deine Hände und Füße anschwellen, dein Gesicht, deine Augenlider, einfach alles. Ich löse Angstzustände und Depressionen aus oder andere mentale Probleme. Ich lasse dein Haar ausfallen, lasse es trocken und brüchig werden, verursache Akne, trockene Haut, für mich gibt es kein Limit. Wegen mir nimmst du zu, egal was du isst oder wie oft du trainierst. Dank mir wird das Gewicht bleiben. Aber ich kann auch dafür sorgen, dass du zu viel Gewicht verlierst. Da bin ich nicht wählerisch. Manchmal begleiten mich meine Freunde, die anderen Autoimmunerkrankungen, zu dir, so dass du dich noch mehr plagen musst. Wenn du etwas geplant hast oder dich auf einen großartigen Tag freust, kann ich dir einen Strich durch die Rechnung machen.

Du hast mich nicht darum gebeten zu dir zu kommen. Ich habe dich aus verschiedenen Gründen ausgewählt: Den Virus oder die Viruserkrankungen, die du hattest und von denen du dich nie richtig erholt hast, oder Schicksalsschläge. (Stress mag ich besonders gern). Vielleicht bin ich schon länger in deiner Familie zu finden. Was auch immer der Grund ist, ich bin hier, und ich werde bleiben. Du gehst zum Arzt, um mich los zu werden? Dass ich nicht lache. Versuch es. Du wirst zu vielen, vielen Ärzten gehen müssen, bis du überhaupt einen findest, der mich entdeckt und der sich mit mir auskennt. Man wird dir die falschen Medikamente verschreiben, Schmerzmittel, Schlafmittel, Aufputschmittel.

Wenn du ihnen sagst, dass du Ängste und Depressionen hast, bekommst du Antidepressiva. Es gibt so viele Wege für mich, damit du dich krank und elend fühlst. Die Liste ist unendlich. Dieser hohe Cholesterinspiegel, das Gallenblasenproblem, der Bluthochdruck, die Muskel- und die Gelenkschmerzen, die Augenprobleme, der Blutzuckerspiegel, Herzprobleme, Herzstolpern. Das bin wahrscheinlich ich. Du kannst nicht schwanger werden oder hattest eine Fehlgeburt? Das war ich wahrscheinlich auch! Atemnot oder Atemhunger? Ja, wahrscheinlich auch ich. Leberenzyme zu hoch? Ja, wahrscheinlich auch ich. Zahn- und Zahnfleischprobleme?

Ich sagte dir, die Liste ist endlos. Du bekommst Massagen, und man sagt dir, wenn du nur ausreichend schläfst und Sport machst, wird es schon weggehen. Man wird dir sagen, du sollst positiv denken, du wirst beim Blutabnehmen gepikst und gestochen, aber vor allem wirst du nicht ernst genommen. Du versuchst einer Unzahl von Ärzten zu erzählen, wie schwächend ich bin und wie ausgebrannt du dich fühlst. Wahrscheinlich wirst du von diesen (ahnungslosen) Ärzten wieder und wieder hören, du solltest einen Psychiater konsultieren.

Deine Familie, Freunde und Arbeitskollegen werden dir zuhören, bis sie nicht mehr hören können, was ich bei dir anrichte und wie sehr ich dich schwäche.

Einige werden sagen: „Ach, du hast nur einen schlechten Tag." Sie sagen Dinge wie: „Wenn du nur aufstehst, dich bewegst, rausgehst und etwas unternimmst, wird es dir besser gehen."

Sie werden nicht verstehen, dass ich dir den Motor nehme, der deinen Körper antreibt, und dafür sorge, dass du genau das nicht kannst. Manche werden anfangen hinter deinem Rücken zu reden, sie nennen dich Hypochonder, während du langsam deine Würde verlierst und versuchst es ihnen begreiflich zu machen. Vor allem, wenn du mitten in einem Gespräch mit einem Menschen bist und auf einmal nicht mehr weißt, was du sagen wolltest. Dann wirst du Dinge hören wie: „Oh, meine Großmutter hatte das auch, und ihr geht es gut mit ihren Medikamenten."

Und du versuchst verzweifelt zu erklären, dass ich mich bei jeder betroffenen Person anders zeige. Und nur, weil das Medikament bei dieser Großmutter hilft, heißt es noch lange nicht, dass es dir auch helfen wird. Sie werden nicht verstehen, dass diese Krankheit deinen Körper vom Scheitel bis zur Sohle beeinträchtigt, und dass jede deiner Zellen und dein Körper und jedes deiner Organe die richtige Dosis, viel Zeit und das richtige Medikament *brauchen. Aber auch dann werde ich bleiben! Nur andere Menschen, die mich in sich tragen, werden mit dir mitfühlen und dich unterstützen. Sie sind die einzigen, die dich wirklich verstehen können.*

Mein Name ist Hashimoto Thyreoidits.

Kapitel 1

So fing alles bei mir an: Mein Mann Marc und ich sind nun seit mehr als siebzehn Jahren zusammen. Wir lernten uns 2001 auf einer Veranstaltung in Bonn kennen. Danach folgte sofort die Liebe im Schlepptau.

Seitdem gehen wir durch dick und dünn, durch Höhen und Tiefen. Ich brachte meine elfjährige Tochter Jana mit in die Beziehung.

Ich war früh Mutter geworden; war erst zwanzig als meine geistig behinderte Tochter Jana geboren wurde. Diese Herausforderung hielt Marc nicht davon ab, sich gemeinsam mit mir auf den Weg zu machen; einen Weg, den wir bis heute zusammen gehen.

Damals hatte ich schon Probleme mit der Schilddrüse, die 1992 entfernt wurde. Offensichtlich war es kein Hashimoto. Aber wer weiß das schon mit Sicherheit? Die Probleme mit der Schilddrüse fingen während der Schwangerschaft an. Ein Kropf bildete sich in meinem Hals, den man während der Schwangerschaft nicht behandeln konnte.

Ich sah aus, als hätte ich eine Apfelsine verschluckt und litt an starken Schluckbeschwerden. Nachts konnte ich nicht schlafen, rang nach Luft. Als Jana geboren worden war, untersuchte man meine Schilddrüse gründlich. Ich wurde operiert und bekam Schilddrüsen-Tabletten.

Unser Alltag war nicht einfach, trotzdem wagten wir es, nach zwei Monaten Beziehung zusammenzuziehen.

Während der Woche lebte Jana in einem Heim, doch an den Wochenenden teilten wir unser kleines Appartement von max. 27 m² mit ihr. Eines Tages meldete sich die Heimleiterin wegen der Wohnverhältnisse.

Unsere Wohnung war klein, aber richtig gemütlich. Trotzdem machte ich mir Gedanken. Jana hatte kein eigenes Zimmer. Könnte es sein, dass sie nach dem Besuch der Heimleiterin nicht mehr zu uns kommen dürfte? Nur weil uns ein Zimmer fehlte? Der Tag des Besuchs rückte näher heran. Wir räumten auf, putzten, und alles war in bester Ordnung. Ich buk einen Kuchen und deckte den Tisch. Als es endlich klingelte, öffnete ich voller Aufregung die Tür, und wir standen zu viert in unserer kleinen Wohnung. Auf den 27 m² drängelten sich mit uns die Heimleiterin und ein Betreuer.

Mein Herz galoppierte wie wild gewordene Pferde. Würde alles gut gehen? Alle setzten sich an den Tisch, die Heimleiterin schaute sich um und sagte: „Sehr schön haben Sie es hier. Was man aus einer kleinen Wohnung alles machen kann."

Sie hatte den Charme unseres Zuhauses gesehen. Ich atmete auf und entspannte mich. Die Last, die mir vorher die Luft genommen hatte, war verschwunden. Sie genossen die Zeit bei uns so sehr, dass sie erst spät am Abend die Heimreise antraten.

Wenige Tage später durfte meine Tochter wieder zu uns. Wir genossen zusammen zu sein, machten es uns gemütlich, schleckten Eis, spazierten in der Natur und ins Kino, um einen Film zu sehen.

Wenige Monate später, im Jahre 2002, fanden wir eine Zweizimmer Wohnung in einem Dorf außerhalb von Köln. Jana zog in ihr eigenes Zimmer. Das war mir wichtig. Nun hatte sie, wenn sie bei uns wohnte, einen Raum, in den sie sich zurückziehen konnte. Sie hatte ihr eigenes Reich, einen Rückzugsort.

Im Jahre 2003 wurde ich schwanger, doch leider verlor ich dieses Kind.

Noch drei Jahre vergingen bis ich wieder schwanger wurde, und diesmal verlief die Schwangerschaft ganz normal. Weil meine Schwangerschaften vorher viel problematischer gewesen waren, musste ich mir einige Untersuchungen gefallen lassen. Wegen meiner Rückenprobleme hatten wir uns von Anfang an für einen Kaiserschnitt entschieden.

Am 05.02.2007, einem Montag, kam unsere kleine Lena zur Welt. Ich lag in Narkose und erfuhr erst später, dass Lena in einem Inkubator auf der Intensivstation für Neugeborene lag. Sie hatte bei der Geburt zu wenig Sauerstoff erhalten. Mir schossen Tränen in die Augen, als Marc mir ein Foto von ihr zeigte. Ich hatte nur einen Wunsch: Ich wollte zu ihr, sie halten, sie riechen, sie berühren. Aber ich konnte noch nicht zu ihr, sondern musste noch einen Tag warten, bis ich endlich aufstehen konnte. Die Stunden waren zäh wie Honig, aber ich war zu schwach und schläfrig, um sie zu sehen. Marc fuhr mich mit einem Rollstuhl zu Lena. Endlich konnte ich sie anfassen, riechen, an mich drücken und kurz in die Arme nehmen. Ich weinte. Was für ein Glück! So ein perfekter kleiner Mensch lag da in meinem Arm, und dieser Mensch gehörte zu mir. So ein kleines süßes Päckchen hatte ich bekommen!

Ich war der glücklichste Mensch auf Erden. Meine Hormone fuhren Achterbahn, so aufgeregt war ich. Wieder fühlte ich die gleiche Wärme und Liebe wie bei der Geburt von Jana, meines ersten Kindes.

Zwei Tage später durfte Lena die Intensivstadion verlassen. Sie kam zu mir aufs Zimmer. Kurz darauf verließen wir gemeinsam das Krankenhaus.

Jetzt war Leben in der Wohnung, und nach und nach fanden wir als Familie unseren eigenen Rhythmus. Wir genossen die gemeinsame Zeit, alles war perfekt, bis Lena eines Tages blau anlief. Sofort rasten wir ins Krankenhaus. Der Arzt, der Lena untersuchte, teilte uns mit, dass sie einen Herzfehler habe. Angst lähmte mich, bis die Wut aus mir herausbrach, und ich weinte. Immer wieder fragte ich mich: Warum? Warum ich? Warum sie? Was für einen Sinn hatte das?

Ich verstand das misslaunige Schicksal nicht. Mein Baby blieb im Krankenhaus, während wir auf einen Monitor (ein Überwachungssystem) warteten.

Ich blieb bei ihr, bis das Gerät nach einigen Tagen eintraf. Wir nahmen an einem Training für Wiederbelebungsmaßnahmen teil. Angst umklammerte unsere Herzen. Wir konnten nur hoffen: Hoffentlich brauchten wir dies niemals bei unserer Tochter anwenden.

Ich fühlte mich schwach und ausgebrannt. Als wir das Gerät bedienen konnten und den Kurs absolviert hatten, konnten wir mit unserer Kleinen nach Hause. Ich war froh und erleichtert, wieder in meinen eigenen Wänden zu sein. Aber Angst vor der ungewissen Zukunft fraß mich auf. Gedanken spielten Roulette in meinem Kopf: Was wäre, wenn sich das Gerät melden würde? Könnte ich Lena wiederbeleben? Ich konnte an nichts anderes mehr denken. Doch glücklicherweise blieb in den nächsten Monaten alles ruhig.

Eines Abends lagen mein Mann und ich gemütlich auf unserer Couch und sahen uns einen Film an. Ein lautes piep, piep, piep weckte unsere Aufmerksamkeit. Ich stürmte ins Kinderzimmer, schaute nach Lena, wie man es uns im Krankenhaus gelernt hatte: „Sehen Sie immer zuerst nach Ihrem Kind und nicht auf den Monitor."

Ein Blick auf den Monitor genügte. Ich erschrak. Lena hatte offensichtlich einen Puls von zweihundertachtundachtzig. Aber sie schlief friedlich. Ich schaltete den Monitor aus. Keine dreißig Sekunden später ging das Gerät noch einmal an. Wieder meldete es eine Frequenz von zweihundertachtundachtzig.

Beunruhigt holte ich Lena aus dem Bett und stellte das Gerät aus. Mein Herz hämmerte, ich schwitzte und hatte das Gefühl, dass ich neben mir stand. Keine dreißig Sekunden später meldete das Gerät einen Puls von zweihundertachtundachtzig. Ich rannte zu Marc und kreischte: „Ruf den Notarzt, ich weiß nicht, was hier los ist."

Immer und immer wieder ging das Gerät an. In dieser Nacht, hätte ich am liebsten alles zum Fenster hinausgeworfen. Das Piepen und der flackernde Bildschirm schürten meine Angst und Unruhe.

Gott sei Dank kam die Hilfe schnell. Keine fünf Minuten später standen in unserem Kinderzimmer drei Helfer. Der Notarzt gab Entwarnung und sagte: „Immer mit der Ruhe, kein Mensch verhält sich so mit einem Puls von zweihundertachtundachtzig."

Sie untersuchten Lena. Ihr fehlte offenbar nichts. Dann untersuchten sie das Gerät und stellten fest, dass sich ein Kabel gelockert hatte, was man nicht sofort sehen konnte.

Sie rückten ohne Lena ab, und wir atmeten auf. Trotzdem konnte ich nicht schlafen. Wie wirbelnde

Schneeflocken stoben die Gedanken durch meinen Kopf, immer wieder sah ich die Stunden des Abends vor meinem inneren Auge, durchlebte die Situation aufs Neue. Diese Stresssituation ging nicht spurlos an mir vorbei.

Die Tage wurden wieder ruhiger. Wir atmeten auf, erlebten einige schöne Tage. Der Sommer kam, das Licht und die Wärme im Schlepptau. Wir genossen die Sonne, wann immer wir konnten, gingen spazieren, freuten uns über den Blödsinn und die Fortschritte von Lena. Sie entwickelte sich gut.

Kapitel 2

Eines Abends saß ich mit Marc auf dem Balkon. Wir legten den Kopf in den Nacken, schauten zum Himmel hinauf, wo die ersten Sterne schimmerten. Der Abend war lau, voll der Düfte des Sommers und des Glücks. Wir genossen diese Stunden zu zweit. Aber auch dieser wunderschöne Abend ging zur Neige, wir räumten auf und gingen ins Schlafzimmer, denn am Morgen musste Marc arbeiten. Im Bett sprachen wir noch einmal über den Tag, lachten über dieses und jenes, was Lena tagsüber angestellt hatte. Das Glück war perfekt.

Wir wünschten uns eine gute Nacht. Wenig später hörte ich Marcs regelmäßigen Atem. Er schlief. Ich lauschte den Geräuschen der Nacht, weil ich völlig aufgewühlt war, wie unter Strom. Ich wusste nicht, warum es mir so ging. Mein Körper war mir fremd, ich fühlte mich nicht mehr in ihm zuhause. Mir wurde komisch, ich fühlte meinen Herzschlag in jeder Pore, jeder Zelle. Meine Atmung wurde flach, kurz. Panik breitete sich in mir aus, wie die Kreise im Wasser, wenn Marc einen

Stein über das Wasser flippen ließ. Ich stand auf, tigerte rastlos durch die Wohnung, um mich zu beruhigen. Aber es half nichts. Ich trank Wasser. Mein Mund war spröde und ausgetrocknet. Was sollte ich machen? Was war mit mir los? Ich war so unruhig, dass ich zuletzt aus dem Haus floh. Ich konnte es mir nicht erklären, aber Angst hatte ich, bodenlose, tiefschwarze Angst, die mein Herz umklammerte.

Es war mitten in der Nacht. Ich ging die Straße entlang, hatte einen Jogginganzug an, den Schlüssel in der Hand. Draußen ging es mir ein wenig besser. Was war los mit mir? Was machte ich hier? Fragen rasten durch meinen Kopf.

Ich war durcheinander, fühlte mich wie in einem schlechten Film, der vor mir ablief und in dem ich eine Rolle spielte, die ich nicht kannte.

Kurz darauf ging ich nach Hause, doch sobald ich wieder im Treppenhaus war, raste mein Herz. Die Panik stieg, sie schwappte wie eine Welle über mir zusammen. Ich hatte Todesängste, fürchtete hier und jetzt zu sterben.

Sofort verließ ich das Haus, stieg ins Auto und fuhr los; heulte mir die Augen aus. Ich hatte keine Ahnung, was los war, als ich einfach nur durch die Gegend fuhr. Ziellos und getrieben, voller Panik, steuerte ich den Wagen. Ich wollte nur eins: mich beruhigen, wieder runterkommen, den Pulsschlag normalisieren, Ruhe finden. Was war mit mir geschehen?

Eigentlich hätte ich Marc wecken müssen. Vielleicht habe ich einfach nicht daran gedacht, getrieben von der Angst. Ich kann es mir bis heute nicht beantworten.

Glaubte ich, Marc würde mich nicht ernst nehmen? Ich weiß es leider nicht, und werde es niemals beantworten können. Was geschehen ist, ist geschehen.

Zuletzt fuhr ich ins Krankenhaus, voller Panik und im Glauben, dass ich sterben würde. Ich berichtete den Ärzten, was passiert war; sagte, dass mein Körper mir einen Streich spiele und ich Todesängste hätte.

Sie untersuchten mich nicht, aber sie gaben mir ein Beruhigungsmittel mit und schimpften, weil ich in diesem Zustand Auto gefahren war.

Sie wollten Marc anrufen, damit er mich abholen käme, aber ich erwiderte, dass das nicht ginge, weil ich das Auto hätte. Also gaben sie mir das Medikament mit nach Hause aber sie hätten mich in dem Zustand nicht gehen lassen dürfen.

Ich las den Beipackzettel. Man hatte mir ein Psychopharmakon verschrieben. Ein Mittel zur Behandlung von Depressionen. Ich entschied mich, es nicht zu nehmen. Sie hatten mich nicht untersucht. Wer wusste denn schon, was mit mir los war? Ich war mit dieser neuen Situation überfordert. Aber ich würde niemals Medikamente nehmen, wenn man mich nicht untersucht und die Ursache eindeutig festgestellt hatte.

Ich verbrachte den Rest der Nacht draußen, ganz allein mit meiner Panik und meinen Ängsten. Fast schien es mir, als wenn ich vor einem Karussell wartete, das sich immer nur im Kreis drehte, ohne anzuhalten. Wo sollte ich hinfahren, um diesem Grauen zu entkommen?

Mit wem könnte ich reden? Ich war völlig hilflos, ohnmächtig und allein. Meine Mutter hätte ich in dieser Nacht gebraucht, aber ich traute mich nicht, zu ihr zu fahren. Ich fühlte mich so einsam und leer wie noch nie zuvor. Niemand wusste, wo ich eigentlich war.

Kurz nach sechs Uhr morgens hielt ich noch beim Bäcker an, holte mir einen Kaffee und fuhr nach Hause. Marc und die Kinder waren auf, als ich mit dem Kaffee in der Hand hereinkam. „Wo kommst du den her?"

Ich erzählte ihm, was passiert war. „Ich will zu meinem Hausarzt nach Köln."

Marc nahm sich frei. Wir fuhren los, und unterwegs berichtete ich erst ihm, was ich in der Nacht erlebt hatte, später dann auch meinem Hausarzt.

„Haben Sie Suizidgedanken?", fragte er und setzte sich. „Wollen Sie sich das Leben nehmen?"

„Nein", antwortete ich. „Im Gegenteil. Ich habe Angst, der Tod kommt mich holen, und keiner merkt das."

Gleichzeitig hatte ich Angst: Würden sie mich für verrückt halten? Würden sie mich ernst nehmen? Oder würde ich jetzt direkt in eine geschlossene Anstalt eingewiesen werden? Was ging in Marc vor?

Mein Arzt wurde bleich.

„Was ist?", fragte ich.

„Eigentlich haben nur ältere Menschen diese Angst."

Keiner von uns wusste, dass diese Probleme von der Schilddrüse herrührten. Vielmehr dachten wir, dass mich die ganze Situation überfordert hätte. Daran musste es liegen.

Kapitel 3

Lena war fast sieben Monate alt. Sie stand kurz vor einer Operation. Wie würde es ausgehen? Wieder wirbelten Gedanken und Sorgen durch meinen Kopf, vor allem um meine kleine Maus.

Oft parkte der Rettungsdienst vor unserer Tür, denn für jede Kleinigkeit mussten wir mit Lena ins Krankenhaus fahren. Ein Schnupfen, eine Erkältung, Fieber… Immer hieß es: „Kommen Sie sofort ins Krankenhaus".

Ihr Herz konnte durch jeden Infekt Schaden nehmen. Wenn die Herzfrequenz sich bei Fieber erhöhte, konnte ihr kleines Herz durch Überbelastung kollabieren.

Ich sorgte mich mehr als ich nach außen zeigte. Ich konnte die Ängste, die ich um Lena hatte, nicht rauslassen, denn ich wollte diese Angst nicht auf sie übertragen.

Mein Hausarzt verschrieb mir ein Präparat zur Entspannung, damit ich zur Ruhe kommen und schlafen konnte.

Einige Zeit ging es mir besser, und ich versuchte von diesem Medikament wieder runter zu kommen. Ich wollte nicht abhängig werden. Ein Tag ohne Medikamente war ein guter Tag für mich. Dann war ich stolz, es geschafft zu haben, ohne dieses Zeug auszukommen.

Die Zeit verging, aber ich hatte immer wieder leichte Schübe wie Schwindel, Nervosität, Unruhe, feuchte Hände, fehlende Konzentration. All das blieb. Sobald mein Zustand sich verschlechterte, ging ich an die frische Luft. Ich holte mir Baldrian, experimentierte mit Teesorten. Ich hatte mir eine ganze Apotheke ins Haus geholt, um mir Abhilfe zu schaffen.

Meine Freundin Gudrun riet mir, es mit Schüssler Salz zu versuchen. Ich ließ damals einfach nichts aus, immer getrieben vom Willen, wieder hoch zu kommen.

Mein Kopf war wie Watte, nichts drin wie Nebel, völlig unkonzentriert lief ich durch die Gegend. Ich kam mir vor wie eine Person, die neben sich steht.

Zu dieser Zeit bemerkte ich, dass meine Periode sich anders als sonst verhielt, aber ich machte mir keine Gedanken. Ich war wie elektrisiert wegen Lena, dass diese kleine Auffälligkeit für mich keine Bedeutung erlangte. Da war ich erst achtunddreißig.

Hätte ich die Anzeichen damals ernst genommen, hätte man es vielleicht frühzeitig erkennen und stoppen können.

Mein gesundheitlicher Zustand ging auf und ab, ich litt unter Konzentrationsstörungen, Nervosität und innerer Unruhe, die ich einigermaßen in Schach halten konnte. Ich war ein Lebenskünstler, schlug mich durch, so gut es ging.

Egal, was ich machte, nichts, aber wirklich gar nichts, half mir. An einigen Tagen konnte ich nicht gerade gehen und kam buchstäblich aus der Balance.

All das wirbelte meine Gefühlswelt völlig durcheinander, auch weil ich so viele Symptome hatte, ohne zu wissen, was mir wirklich fehlte.

Im Januar 2008 wurde Lena mit elf Monaten am Herzen operiert. Sie hatte mittlerweile einen Puls von hundertneunzig erreicht, und wir konnten nicht mehr warten, bis sie acht Kilo wog. Die Ärzte entschieden sich für die Operation. Mit jedem Tag wuchs die Gefahr, dass ihr Herz der Anstrengung nicht mehr gewachsen war. Trotz aller Sorge verlief die Operation gut. Endlich kehrte wieder etwas Ruhe in unserem Leben ein. Doch nach wie vor litt ich weiter unter den Symptomen.

Im März begann die Krankengymnastik für Lena. Aufgrund ihrer Herzgeschichte konnte sie weder laufen noch sich vollständig bewegen wie andere Kinder in ihrem Alter. Durch ihre Kurzatmigkeit war sie sehr eingeschränkt und hatte meistens nur auf den Rücken gelegen. Diese Position war für sie eine angenehme, erträgliche Lage. Bald krabbelte sie, zog sich überall hoch. Sie entwickelte sich schnell, was eine beglückende Erfahrung für uns war. Ich war so glücklich und erleichtert.

Endlich war alles überstanden, und ich fühlte mich befreit, wie wenn eine Last von meinen Schultern genommen worden wäre. Und richtig: Lena entwickelte sich nun positiv. Sie war auf einen guten Weg, aber meine gesundheitlichen Herausforderungen blieben mir erhalten.

Immer noch glaubte ich, dass ich meinen Zustand selbst in den Griff bekommen würde. Ich war überzeugt, dass alles vom Stress der letzten Monate kam, den ich nur verarbeiten müsste. Diese Zeit war keine einfache Zeit für unsere Familie, und der Druck war für jeden von uns eine Herausforderung. Immer lauerte die Angst, ob Lena es schaffen würde. Wir fragten uns, was der Tag bringen würde – das hat uns alle sehr belastet und an unsere Grenzen gebracht.

Kapitel 4

Um wieder zu Kräften zu kommen, buchten wir für Mai 2008 eine Woche Mallorca, und einige Monate später entschloss ich mich, wieder arbeiten zu gehen. Ich käme unter Menschen, hätte Abwechslung vom Hausfrauendasein. Also nahm ich eine Stelle in einer Bäckerei an, was mir guttat. So konnte ich erst einmal alle Sorgen vergessen; ich war ausgeglichen und zufrieden.

Marc und ich gaben uns jetzt auch das Ja-Wort. Wir waren ein glückliches Paar und miteinander gewachsen durch die Steine, die sich auf unserem Weg aufgetürmt hatten.

Ich hatte mich eingearbeitet, kam mit meinen Arbeitskollegen klar. Hin und wieder bekam ich Konzentrationsprobleme, konnte mir die einfachsten Sachen nicht merken, z.B. Bestellungen von Kunden. Ich war mit meinen Gedanken bis oben hin gefüllt. In meinem Kopf ging es wie auf einem Karussell zu. Alles drehte sich um alles. Oftmals konnte ich noch nicht einmal eins und eins zusammenrechnen. Dann stand ich wie dumm neben mir. Natürlich versuchte ich mir nichts anmerken zu lassen. Ich wechselte meinen Arzt, damit ich nicht immer dreißig Kilometer fahren musste, um ihn aufzusuchen.

Die Tage vergingen. Ein neues Jahr stand vor der Tür. Für 2009 nahm ich mir vieles vor, und erst ging es gut. Bis auf einige Stimmungsschwankungen und Müdigkeit war alles im Rahmen.

Mit Gudrun, die jetzt meine Nachbarin war, unternahm ich gerne etwas. Wir hatten Spaß, gingen spazieren, shoppten, aßen Eis mit den Kindern. Eines Tages beschlossen wir, die Kinderzimmer umzugestalten.

Zuerst verschönerten wir Sophies Zimmer. Sophie ist die Tochter von Gudrun. Wir malten eine riesige Lillifee an die Wand. Danach ging es in unserem Kinderzimmer weiter, wo wir auch noch ein Bällebad anlegten. Zuletzt stellten wir ein Spielhaus ins Kinderzimmer. Im Spielhaus war auch eine richtige Küche. Das sah gut aus. Obwohl wir Spaß hatten, kämpfte ich mit Kurzatmigkeit, und weil ich keine Aufmerksamkeit wünschte, machte ich öfter Pause.

Aber Gudrun kannte und durchschaute mich. Sie merkte, dass etwas nicht mit mir stimmte, weil ich mich immer mehr zurückzog, so erschöpft und müde wie ich war, schlapp und ohne Energie. Ich war nicht mehr die Person, die ich für sie immer gewesen war. Erst fragte sie mich: „Wie geht es dir?"

„Gut", flunkerte ich.

„Das kann ich nicht glauben. Ich sehe doch, dass es dir nicht gut geht. Du bist so anders."

Ich kämpfte mit den Tränen. „Ja, stimmt. Ich bin völlig überfordert. Es ist wie damals, mir wächst alles über den Kopf."

„Was wächst dir über den Kopf?"

„Alles, die Wohnung, der Haushalt, die Arbeit. Das Ganze ist mir viel zu viel."

Marc kam abends immer spät nach Hause und bekam nichts mit. Ich weinte und suchte Trost bei Gudrun, denn ich wollte Marc nicht belasten. Er hatte genug mit seiner Arbeit zu tun. Seit dieser Zeit verstanden Gudrun und ich uns noch besser.

Ich konnte nicht mehr klar denken oder mir etwas merken. Insgeheim trieb mich die Angst um, dass ich dement wurde. Mir ging es einfach nur schlecht. Wie sollten andere mich verstehen, wenn ich mich selbst nicht mehr verstand? Sogar auf der Arbeit bekam ich Panikattacken, während ich einen Kunden bediente. Ich verfiel wieder in mein Schema und machte gute Miene zum bösen Spiel, unterdrückte alles, soweit es möglich war. Aber ganz gleich, was man mir sagte: Keine fünf Minuten später wusste ich nicht mehr, was mir aufgetragen worden war.

Einordnen konnte ich das Ganze nicht, aber zum Arzt wollte ich auch nicht gehen. Ich hatte Angst, eine furchtbare Angst: Was wäre, wenn ich wirklich dement wurde? Oder depressiv? Ich wollte diese Diagnose nicht hören. Was würde dann geschehen? Würde mich überhaupt noch jemand ernst nehmen?

Ich kämpfte mich weiter durch die Tage, Wochen und Monate. Als der Sommer ins Land zog und die Kinder wieder draußen spielen konnten, schnappten Gudrun und ich uns die Bobby-Cars und veranstalteten ein Wettrennen.

Wie gut es mir tat, mit Gudrun und den Kindern herumzutollen. Wir hatten riesigen Spaß, die Kinder lachten uns aus. Solche Tage wünschte ich mir so sehr. So frei und unbekümmert fühlte ich mich wunderbar.

Leider blieb es nicht so. Mir ging es gesundheitlich immer schlechter. Die Panik war oft zu Gast. Ich rannte auch tagsüber aus dem Haus, weil ich von einer Panikattacke überrascht wurde.

Obwohl ich immer noch versuchte, stark zu sein, wurde ich mit jedem Tag zerbrechlicher; kämpfte mit Kurzatmigkeit, Herzrasen, Gefühlsstörungen, Gleichgewichtsstörungen und diffusen Ängsten, die mich plagten. Meistens verließ ich schon früh morgens das Haus, weil ich es in der Wohnung nicht aushielt.

Vielleicht, so dachten Marc und ich, lag es an der Wohnung, die sehr dunkel war. Also suchten wir uns eine neue Bleibe. Gudrun bedauerte es, aber uns blieb keine andere Wahl. Wir fanden eine schicke Wohnung im selben Ort, in die wir im Oktober 2010 einzogen. Wir waren begeistert, denn dort hatten wir sogar einen offenen Kamin. Doch vorher mussten wir alles renovieren.

Ich fiel erneut in mein altes Muster: Vor lauter Arbeit und Aufregung, endlich einziehen zu dürfen, schob ich meine gesundheitlichen Probleme weg.

Kapitel 5

Der Umzug rückte immer näher. Marc und ich veranstalteten zum Abschied von unserer Nachbarschaft ein Grillfest.

Alle kamen in den Garten, und es war ein gelungener Abend. Drei Wochen später war es dann soweit, und obwohl wir uns sehr auf die neue Umgebung freuten, fiel uns der Abschied von unseren Nachbarn und Freunden schwer. Wir durften eine schöne Zeit mit ihnen verbringen, was mich mit Dankbarkeit erfüllte.

Schnell hatten wir uns in unserem neuen Zuhause gemütlich eingerichtet und eingelebt. Alles war hell, geräumig; sozusagen unsere Traumwohnung mit einem Kamin.

Wir schwärmten so sehr von dieser Wohnung, dass wir überlegten, sie zu erwerben; aber dann kam alles anders als geplant. Der Vermieter, der die Wohnung verkaufen wollte, machte uns ein attraktives Angebot, dem wir nicht widerstehen konnten. Doch zwei Tage vor Weihnachten teilte er uns mit, dass er zurück nach Deutschland käme und meldete Eigenbedarf an.

Mit solch einer Nachricht hatte keiner gerechnet. Wir waren schockiert, denn wir hatten sehr viel Geld in die Renovierung investiert. Wir fingen an, Ausschau nach einer anderen Wohnung zu halten, als der Vermieter sich einige Tage später noch einmal meldete, weil er sich entschieden hatte, bei einem Bekannten zu wohnen. Wir waren erleichtert.

Dann verschlechterte sich mein Zustand so sehr, dass mein Chef darauf aufmerksam wurde.

„Haben Sie Probleme? Sie sind mit Ihren Gedanken immer woanders."

„Ich habe Kopfschmerzen", wich ich aus und hoffte, damit genug gesagt zu haben. Trotzdem hatte ich ein schlechtes Gewissen, weil ich ihm die Wahrheit vorenthalten hatte. War es dumm? Sicher, denn vielleicht hätte mein Chef mich unterstützt.

Dann meldete der Vermieter doch noch Eigenbedarf. Jetzt beschlossen wir, uns eine neue Wohnung zu suchen. Die Wohnungsituation war uns viel zu unsicher und belastete mich. Ich hatte mir Rippen gebrochen. Wo und wie, das wusste keiner. Ob die Enttäuschung durch den Vermieter der besagte Tropfen war, der das Fass zum Überlaufen brachte?

Mein Körper fiel ab. Ich konnte nicht mehr, war antriebslos, nur noch schlapp, abgeschlagen, müde, kaputt, hatte die Ausstrahlung einer Schlaftablette. Die

Belastung zehrte an meinen Kräften, Arbeit, Haushalt, die angeschlagene Gesundheit. Ich war urlaubsreif oder reif für die Klapse. Lena war tagsüber in der Kita, so konnte ich mich nach der Arbeit noch ein paar Stunden ausruhen, bis ich sie um 16.00 Uhr abholte.

Auf der Arbeit machte ich weiter wie bisher, d.h. ich verschwieg meinen Zustand, doch im Mai 2011 teilte uns der Chef mit, dass er die Firma verlassen würde. Die Angestellten waren wie vor den Kopf geschlagen und verstanden nicht, warum er nicht vorher etwas erwähnt hatte. Die Bäckerei wurde von einer Kette übernommen. Es dauerte, bis wir uns an den neuen Vorgesetzten, die neuen Regeln, die anderen Kassensysteme und allgemeinen Abläufe gewöhnt hatten.

Wir erhielten neue Arbeitsverträge. Mitarbeiter wurden in andere Filialen versetzt. Freundschaften gingen dadurch in die Brüche. Aber wie mit allem Neuem, gewöhnt man sich mit der Zeit an die Veränderungen. Und so geschah es auch mit uns.

Als ich eine Vertretung in einem anderen Laden machte, kam meine Vorgesetzte auf mich zu und fragte: „Könnten Sie sich vorstellen, in diese Filiale zu wechseln? Wir hätten Sie gerne in unserem Team."

„Gerne", antwortete ich. Die Freude war auf allen Seiten, denn meine neuen Kollegen hatten die Chefin gefragt, ob ich bei ihnen arbeiten könnte.

Ab August 2011 arbeitete ich in der neuen Filiale. Alles lief wunderbar, ich verstand mich sehr gut mit meinen Kollegen. Sie sagten mir immer, dass ich ein großer Segen für sie sei.

Ich arbeitete jeden Tag, oft war ich dort mehr Stunden als abgesprochen, denn ich war auf 400 € Basis eingestellt, so dass man den Arbeitsvertrag Anfang 2012 in einen festen Vertrag umwandeln wollte. Alles war gut, bis zu jenem Morgen im Oktober 2011, als ich gegen 04.00 Uhr morgens auf dem Weg zur Arbeit ein beklemmendes, ja bedrohliches Gefühl bekam. Schweiß perlte auf meiner Stirn; mein Herz galoppierte, und ich dachte: „Jetzt geht es zu Ende." Ich hielt mein Auto an, mitten auf der Landstraße. Es war dunkel. Ich stieg aus, holte tief Atem und sprang auf und ab, damit ich mich wieder beruhigen konnte. Nach wenigen Minuten fuhr ich weiter zur Arbeit. Dort gab es so viel zu tun, dass ich den Vorfall erst einmal wegschob und vergaß.

Die leichten Panikattacken, die ich hin und wieder bekam, konnte ich kontrollieren.

Ich hatte so viele Überstunden angehäuft, dass ich in den Urlaub gehen musste, und das zu einer Zeit, wo das Weihnachtsgeschäft begann. Ich musste sechs Wochen Überstunden abbauen. Zu Hause konnte ich mich entspannen, ich brachte meinen Haushalt auf Vordermann und dekorierte alles für Weihnachten.

Marc hatte auch Urlaub, es war besinnlich, wir machten Weihnachtseinkäufe, u.a. den Weihnachtsbaum. Danach waren wir bereit. Das Fest durfte kommen.

Normalerweise essen wir Heiligabend immer Fondue. Wir genossen das gemütliche Zusammensein, das knisternde Kaminfeuer und sahen zu, wie die Kinder mit ihren Geschenken spielten.

Nach Weihnachten war ich für die Spätschicht eingeteilt. Ich freute mich, auf die Rückkehr in den Betrieb. Marc hatte noch ein paar Tage frei.

Somit waren die Kinder versorgt. Als der erste Arbeitstag kam, stand ich auf, schaute nach den Kindern – und wie aus heiterem Himmel überrollte mich die Panik.

Kapitel 6

Die Panik war wieder da, nur heftiger als je zuvor. Ich hatte Angst. Mein Herz takte aus dem Rhythmus, und ich schlich mich mit letzter Kraft zum Arzt, der sofort ein EKG machte. Ich hatte Herzrhythmusstörungen. Eine Blutprobe schickte er zur Untersuchung ins Labor. Danach schrieb er mich krank. Ich ruhte mich aus und schlief viel. Ein paar Tage später klingelte das Telefon. Es war ein Anruf aus der Arztpraxis. „Bitte kommen Sie sofort in die Sprechstunde."

Ich machte mich fertig und wartete im Sprechzimmer, bis ein Arzt zu mir kam.

„Wie geht es Ihnen?"

„Nicht besonders."

„Das glaube ich Ihnen aufs Wort. Sie haben eine unheilbare Erkrankung. Hashimoto … "

Ich hörte nicht mehr zu. Meine Gedanken drehten sich um meine Kinder, die ganze Welt war aus den Fugen geraten. Wie sollte es jetzt weitergehen? Fragen über Fragen, aber keine Antworten. Ich verließ die

Praxis. Unheilbar krank. Das musste ich erst einmal verdauen. Ich ging zur Arbeit, trank einen Kaffee, als zufällig meine Chefin vorbeikam und fragte: „Was ist los mit Ihnen? Sie sehen nicht gut aus."

Ich erzählte ihr unter Tränen, was der Arzt gesagt hatte. Sie war geschockt, aber sie wusste nicht, wie sie damit umgehen sollte und versuchte mich auf andere Gedanken zu bringen, indem sie mir Bilder von ihrem Enkelkind zeigte. Später meinte sie noch, dass ich mir Zeit lassen sollte, um zu entscheiden, ob ich wieder arbeiten wolle. Es war ihr egal, wie lange es dauern würde, ich sollte es ruhig angehen.

Danach ging ich nach Hause. Marc wollte erfahren, was der Arzt gesagt hatte, aber ich konnte es ihm erst nicht sagen. Ich weinte, und er wusste sofort, dass es etwas Ernstes sein müsste, nahm mich in den Arm und beruhigte mich. Schluchzend erzählte ich ihm: „Ich bin unheilbar krank."

Er war wie gelähmt, ohne jegliche Ahnung, was das nun bedeutete. Die Tage vergingen, die Gedanken blieben. Mein Befinden hielt mich auf Trapp. Mir ging es weiter schlecht.

Im Internet fanden wir eine spezielle Klinik für Erkrankungen der Schilddrüse in Bornheim bei Bonn. Dort untersuchte eine Ärztin mich von Kopf bis Fuß, ohne etwas auszulassen. Im Gespräch ging es um die verschiedenen Krankheitssymptome, das Gewicht wurde bestimmt, der Blutdruck gemessen, EKG,

Blutproben. Ich litt unter einer zehnfachen Überfunktion der Schilddrüse. Alle Werte waren außer Kontrolle geraten. Darüber hinaus hatte mein Körper das Medikament, das ich schon seit zwanzig Jahren einnahm, abgewehrt. Ich bekam ein neues Präparat und fing sofort mit fünfundzwanzig Mikrogramm an. Die Dosis wurde jede Woche um fünfundzwanzig Mikrogramm erhöht, bis ich die gewünschte Tagesdosis von hundertfünfundzwanzig Mikrogramm erhielt.

Nach meiner ersten Dosis fühlte ich mich wie neu geboren. Das Medikament schlug an. Mein Körper und Immunsystem nahmen es an. Ich war erleichtert, genoss das neue Lebensgefühl, aber leider hielt es nicht lange an, und meine Symptome kehrten zurück. Dazu kamen heftige Schweißausbrüche, Schlafstörungen, Hitze- und Kälteempfindung. Das alles zu den Symptomen, die mich schon genug plagten und runterzogen. War ich in der Hölle angekommen? Im März 2012 machte ich einen neuen Termin in der Klinik. Man riet mir, sofort einen Endokrinologen (Hormonspezialisten) aufzusuchen. Sie verwiesen mich an einen Facharzt in Bad Godesberg bei Bonn und sagten, ich solle auch mit meinem Frauenarzt sprechen. Die Ergebnisse waren erschreckend.

Der Facharzt stellte fest, dass mein Körper überempfindlich auf Hormone reagierte, und der Frauenarzt diagnostizierte mir aufgrund des Hashimoto verfrühte Wechseljahre. Dabei wollten wir noch ein Kind.

Unsere Träume zerbrachen. Ich war erst zweiundvierzig Jahre und schon in den Wechseljahren.

Das Leben war nicht fair. Warum nur musste ich so viele Dinge aushalten und tragen? Mit zwanzig hatte ich mein erstes Kind Jana mit einer geistigen Behinderung geboren. Siebzehn Jahre später kam mein zweites Kind Lena mit einem Herzfehler zur Welt, und jetzt war ich unheilbar erkrankt.

Warum nur?

Warum immer ich?

Immer wieder redete ich mir gut zu: „Birgit, du musst weiter, du darfst dich nicht hängen lassen, denk an deine Kinder."

Jahrelang hatte ich das Gefühl, den morgigen Tag nicht mehr erleben zu dürfen. Das war für mich die absolute Talfahrt, aber ich wusste nicht, dass es noch schlimmer kommen würde.

Der Endokrinologe gab mir die Empfehlung, meine Medikamente so zu nehmen, dass es für mich ein besseres Wohlbefinden ergab. Also sorgte ich dafür das mein Wohlbefinden wiederhergestellt wurde, was auch einige Monate gutging. Zwar gab es vereinzelte Rückfälle, aber im Großen und Ganzen funktionierte es.

Kapitel 7

Oktober 2012 war der Monat der Neuanfänge: Wir zogen in eine neue Wohnung. Ich wechselte den Hausarzt, weil ich ihn nicht als kompetent genug für eine weiterführende Behandlung einschätzte. Für jedes Problem griff er zum Handy, suchte auf Google nach Antworten. Das konnte ich selbst. Dafür brauchte ich keinen Arzt.

Im November schmerzte mein ganzer Körper, ich konnte mich kaum noch bewegen. Die Symptome ähnelten einer Grippe. Jeder Knochen machte sich bemerkbar, und deshalb ging ich zu meinem neuen Hausarzt. Alles sprach für einen grippalen Infekt: Magengrimmen, Knochen- und Gliederschmerzen. Und natürlich verschrieb er mir etwas gegen einen grippalen Infekt.

Doch es wurde nicht besser. Vorsichtshalber nahm er mir einige Tage später Blut ab. Kurz darauf ging er mit mir die Blutwerte durch. Meine Leberwerte waren nicht in Ordnung. Vor allem machte ihm die

Schilddrüse Sorge. Die Werte waren so katastrophal, dass der Verdacht bestand, dass meine Organe kaum noch arbeiten würden. Sie wären im Schlafmodus, erklärte mir mein Hausarzt, und das könnte ein Organversagen bewirken.

Er überwies mich sofort zu einem Spezialisten für die Schilddrüse. Ich bekam noch am selben Tag einen Termin, wurde gründlich untersucht, sie machten einen Ultraschall, und die Blutwerte zeigten: Mein Körper hatte das Medikament abgelehnt. Erneut wurden meine Medikamente neu eingestellt. Zum dritten Mal, und alles fing von vorne mit fünfundzwanzig Mikrogramm an. Dann arbeitete ich mich Woche für Woche um fünfundzwanzig Mikrogramm nach oben. Bei fünfundsiebzig Mikrogramm bekam ich die nächsten Probleme.

Meine Galle. Niemals hätte ich vermutet, dass auch hier ein Zusammenhang mit der Schilddrüse bestand.

Auf einmal hatte ich nach jeder Mahlzeit Seitenschmerzen, sodass ich sprichwörtlich die Wände hochging. Wir suchten den ärztlichen Notdienst an einem Sonntag auf. Es wurde eine Gallenkolik festgestellt. Der Arzt verschrieb mir Buscopan gegen die Krämpfe. Als Tipp bekam ich noch: „Trinken Sie viel warmes Wasser und bewegen Sie sich. Ein Verdauungsspaziergang wirkt oft Wunder. Ansonsten halten Sie sich an den Diätplan – keine Pfannengerichte mehr."

„Wie dünn soll ich denn noch werden?"

Mein Arzt schmunzelte, aber ich machte, wie er es mir geraten hatte, und es ging gut. Ich briet mageres Fleisch mit Wasser. Wir investierten in einen speziellen Einbau-Grill, damit ich mich weiterhin gut ernähren konnte und auf nichts verzichten musste. Zur gleichen Zeit entwickelte mein Körper eine Laktoseintoleranz. Jedes Mal, wenn ich ein Milchprodukt aß oder trank, bekam ich Bauchschmerzen und einen Blähbauch. Weil ich so aufmerksam auf die Signale meines Körpers reagierte, bekam ich diese Herausforderung schnell in den Griff. Aber leider hatte ich nach wenigen Wochen die nächste Kolik, sie war noch schlimmer als die vorherige.

Wir standen kurz vor unserem Urlaub, den wir in Frankreich verbringen wollten. Ich griff zu den alten Ratschlägen, trank viel warmes Wasser, bewegte mich und ich hatte Glück: Nach einer Stunde ließen die Schmerzen nach, ich war erleichtert. Kurz danach musste ich zur Blutabnahme, der Routinekontrolle der Schilddrüse. Ich vergaß meinem Arzt zu sagen, dass ich eine Kolik gehabt hatte.

Dann kam der Tag unserer Abreise nach Frankreich. Morgens packte ich noch die letzten Sachen für unseren Urlaub ein. Das Telefon klingelte. Mein Hausarzt rief mich an und bat mich, sofort in die Praxis zu kommen.

Oh, dachte ich, bestimmt wieder die Schilddrüse. Doch als ich ins Sprechzimmer kam, hatte er mir schon die Einweisung ins Krankenhaus fertiggestellt. Keiner

konte sich die utopischen Leberwerte von über fünf-
hundert erklären. Alle Tests, die vom Labor durchge-
führt worden waren, ergaben kein Ergebnis. Da waren
nur die überhöhten Werte.

Mir fiel wieder die Kolik ein, und ich bat den Arzt,
mir noch einmal Blut abzunehmen. Er sagte zu, allerdings nur unter einer Bedingung: Sollten die Werte höher oder gleichbleibend sein, würde ich sofort ins Krankenhaus gehen.

Gesagt, getan. Er nahm mir Blut ab. Nun musste
ich bis 18.00 Uhr warten. Die Spannung stieg, das Warten lies der Familie keine Ruhe. Wo würde die Reise
hingehen? Ins Krankenhaus oder doch nach Frankreich? Es war ein Bangen ohne Ende.

Dann war es soweit. Meine Mutter kam. Wir fuhren
gemeinsam zum Arzt. Voller Aufregung gingen wir in
die Praxis. Der Arzt wartete auf uns, lächelte und sagte:
„Ich wünsche Ihnen einen schönen Urlaub. Wenn Sie
im Urlaub eine Kolik bekommen, kommen Sie sofort
zurück nach Deutschland."

„Versprochen!", sagte ich erleichtert.

Ich rief Marc an, um ihm alles zu erzählen. Wir waren
erleichtert. Marc und die Kinder schliefen ein paar
Stunden, und ich packte die letzten Dinge. Spätabends
ging es endlich los. Wir hatten eine Fahrt von tausend
Kilometern vor uns, aber wir waren glücklich und aufgeregt. In Luxemburg legten wir unsere erste Pause
ein, tankten und kauften Zigaretten.

Später rasteten wir auf einem Rastplatz und schliefen ein paar Stunden. Als wir im frühen Morgengrauen wach wurden und die beschlagenen Scheiben reinigten, trauten wir unseren Augen nicht. Wir hatten vor einem Hotel übernachtet, dass Übernachtungen mit Frühstück für neunundzwanzig Euro anbot. Wir lachten über uns selbst. Wie weh taten uns die Knochen, und wie leicht hätten wir es haben können. Wir gingen ins Hotel, machten uns ein wenig frisch, kauften Kaffee und Brötchen und setzten unsere Reise gut gestärkt fort. Nach über achtzehn Stunden standen wir vor einem zauberhaften Campingplatz. Es war traumhaft, nur das Wetter war alles anderes als traumhaft. Es schüttete aus Eimern. Marc stieg aus dem Auto und meldete uns an. Nach wenigen Minuten kam er zum Auto gelaufen und meinte: „Wir müssen den nächsten Platz anfahren."

Wir fuhren zum nächsten Platz; auch dieser war sehr einladend gestaltet. Marc hechtete wieder durch den Regen zur Anmeldung. Nach ein paar Minuten kam er zurück: „Wir müssen bis ans Ende der Straße."

Also fuhren wir bis ans Ende der Straße. Es wurde immer dunkler, immer leerer. Wir schauten uns an. Wo waren wir denn jetzt gelandet?

Marc fluchte über das Reisebüro. Jetzt war unsere Laune grottenschlecht, so dunkel und einsam war es. Diesmal blieben die Kinder im Auto, und wir gingen gemeinsam zur Anmeldung. Wir standen vor einem

Zelt, das als Rezeption dienen sollte, aber dort war niemand. Das Zelt stand voll Wasser. Daneben befand sich ein Holzhäuschen, und an der Tür hing ein Zettel: „Bitte melden Sie sich an der gegenüberliegenden Pforte."

Dort angekommen waren wir endlich richtig. Die Mitarbeiterin nahmen unsere Personalien auf und gab uns den Schlüssel für das Chalet.

„Gleich kommt jemand und bringt Sie zu Ihrer Unterkunft."

Wir warteten im Auto, während der Regen strömte, und Marc fluchte. Ein junger Mann kam mit dem Fahrrad, zeigte uns das Chalet und erklärte uns alles.

„Sie haben Glück mit dem Wetter."

„Was? Dieses Sauwetter nennen Sie Glück?"

„Ja, wir hatten jetzt drei Tage diesen Monsunregen, aber Morgen kommt die Sonne. Verlassen Sie sich drauf."

Und wirklich, am nächsten Morgen strahlte die Sonne uns an, als sei nichts gewesen.

Marc und ich holten Brötchen und erhaschten einen Blick vom Strand. Nach dem Frühstück erkundeten wir die Umgebung, und wir konnten nicht genug bekommen von der zauberhaften Gegend. Das war Urlaub pur, der beste Urlaub, den wir bisher erlebt hatten. Einfach alles stimmte. Paella aus riesigen Pfannen, Garnelen soweit das Auge reichte. Jeden Morgen frisches Baguette, selbstgemachter Nudelsalat, reichlich frisches Fleisch auf dem Grill. Es war alles dabei. Leider ernährte ich mich nur von Baguette und fettarmen Speisen. Da blieb nicht viel zu wählen, aber ich überlebte es.

Wir haben Ausflüge nach Sete gemacht, sind durch das Naturschutzgebiet gewandert, haben Bootstouren unternommen. Marc spielte für mich sogar O Sole Mio. auf einer Ukulele. Wir durften auch die fünf Sterne Campingplätze besuchen, denn mit den Bändern an unseren Handgelenken hatten wir Eintritt zu jedem Platz. Beim Abendprogramm wurden die Urlauber mit eingebunden. Marc bot eine Hauptrolle als Tina, die Tänzerin, dar. Wir haben gelacht und gelacht und gelacht, als er in seinem Kostüm auftrat. Als Fremde kamen wir und gingen als Freunde.

Dann war der Urlaub zu Ende, und wir fuhren wieder in der Nacht zurück. Gegen Mittag hielten wir bei McDonalds. Ich war so hungrig, dass mir die Konsequenzen egal waren. In zwei Stunden wären wir zu Hause. Ich bestellte mir einen Burger mit Fritten und genoss das Essen. Wenig später, setzten wir unsere Fahrt in Richtung Heimat fort und kamen endlich wieder zu Hause an.

Wir luden das Gepäck aus dem Auto. Ich kochte einen Willkommen-Daheim-Kaffee. Später packte ich die Koffer aus und schaffte etwas Ordnung ins Chaos. Jetzt musste ich auch wieder zur Routineuntersuchung zum Hausarzt, der mir Blut abnahm, um meine

Schilddrüse und Leberwerte zu bestimmen. Leider waren die Werte sehr schlecht. Mein Arzt konnte es sich nicht erklären.

„Nehmen Sie Ihre Medikamente regelmäßig? Sind Sie sich ganz sicher?"

„Natürlich, die nehme ich so regelmäßig, wie ich auch jeden Tag meine Zähne putze."

„Ich verstehe das einfach nicht."

„Mir ist aufgefallen, dass ich – seitdem ich das neue Medikament nehme – wieder mehr Panikattacken habe, unter Angst leide und mit einer inneren Unruhe zu kämpfen habe."

„Ich überweise Sie noch einmal zu einem Facharzt für die Schilddrüse."

Wenige Tage später machte dieser Facharzt einen Ultraschall der Schilddrüse. Konnten Veränderungen erkannt werden? Das Gewebe schien in Ordnung zu sein.

„Aber warum habe ich dann diese Symptome, Angstzustände, Panik und diese Unruhe, die mich umtreibt?"

„Ich vermute, Sie vertragen das Medikament nicht. Ich verschreibe Ihnen ein neues Präparat."

„Und wenn das nicht hilft?"

„Sobald Sie Nebenwirkungen haben, kommen Sie vorbei und Sie erhalten ein anderes Präparat."

Also alles wieder auf Anfang. Ich fing am nächsten Tag mit fünfundzwanzig Mikrogramm an und stieg jede Woche um fünfundzwanzig höher. Allerdings hatte ich immer noch die Probleme mit der Galle.

Kapitel 8

Kurze Zeit später war es soweit. Eine Scheibe Brot löste eine Kolik aus. Was sollte ich machen? Die Nacht konnte ich vor Schmerzen nicht schlafen. Ich ging aber erst morgens ins Krankenhaus, um keine Unruhe und Ängste in den Kindern zu schüren. Dort wurde mir Blut abgenommen, man legte mir einen Tropf und gab mir Schmerzmittel. Ein Narkosearzt kam und ging den Fragebogen mit mir durch.

„Wie ist das mit meinen Blutwerten? Hat das Auswirkungen? Was ist mit dem Hashimoto?" Ich war beunruhigt.

„Ihre Blutwerte sind nicht besonders gut, aber ich werde auf Sie aufpassen."

Wenige Stunden später wurde mein Gallengang freigeräumt. Die Ärzte staunten nicht schlecht, als sie über zweihundert Steinchen herausholten.

„Wollen Sie damit ein Haus bauen?", scherzte der Arzt. „So was habe ich bisher wirklich noch nicht gesehen."

Weil es zu einer Entzündung der Bauchspeicheldrüse kommen konnte, wurde mir später, in einem zweiten Lauf, die Gallenblase entfernt. Nach fünf Tagen wurde ich aus dem Krankenhaus entlassen, wurde aber schon zwei Tage später als Notfall wieder eingeliefert.

Mein Bauchnabel hatte sich entzündet, zusätzlich war mein gesamter Bauchraum aufgebläht. Es durfte mir niemand auf den Bauch drücken. Vermutlich kam es zur Entzündung des Bauchnabels, weil die Operation mikroskopisch gemacht worden war – oder ich hatte es mit der Hygiene übertrieben.

Ich sollte stationär aufgenommen werden, aber ich wollte nicht schon wieder im Krankenhaus bleiben und wurde auf Eigenverantwortung entlassen. Trotzdem musste ich jeden Tag zur Wundversorgung kommen. Ich war froh über meine Entscheidung, freute mich auf Weihnachten und dass ich alles essen durfte, worauf ich Appetit hatte. Das löste in mir ein Gefühl von Weihnachten aus. Ich habe die Feiertage genossen, denn ich habe gegessen, wozu ich Lust hatte. Es war ein Hochgenuss für meine Gaumen. Im Januar ging ich zum Routinecheck zum Hausarzt.

Er war mit den Ergebnissen zufrieden, betonte aber, dass sich mein Körper von den Strapazen erholen müsste.

Ich war erleichtert. Als es mir immer schlechter ging, hatte ich den Verdacht gehabt, dass es an der Galle liegen könnte, weil es mir immer so schlecht ging. Dass mein Alptraum jetzt erst anfangen sollte, konnte ich nicht ahnen.

Kapitel 9

Die nächsten Monate würde ich gerne aus meinem Leben streichen. So schlimm war es bisher nie gewesen.

Erst genoss ich all die Dinge, die ich wieder tun konnte, traf mich mit Freunden, schlemmte und hatte keine Angst vor Koliken mehr. Noch war es eine wunderbare Zeit, und ich genoss den Sommer. Eines Tages traf ich mich mit meiner Mutter, und sie fragte: „Wie geht es mit dir und Marc? Ist alles in Ordnung bei euch?"

„Ja, uns geht es gut."

„Du weißt aber, eine gute Ehe ist keine Lebensversicherung?"

„Also wirklich Mama, Marc würde uns so was niemals antun. Wie kommst du denn jetzt auf solche Ideen?"

„Vielleicht würde er euch nicht verlassen, aber er könnte dich ja auch nur mal betrügen."

„Marc? Niemals, auf ihn ist Verlass."

Als Marc von der Arbeit kam, stieß er zu uns, und wir gingen gemeinsam in einen Biergarten. Er hatte schon oft Überstunden gemacht. Deshalb fiel es mir erst nicht auf, dass er plötzlich mehr arbeitete. Ich hatte das Gefühl, dass er sich von mir entfremdete. Immer öfter wartete ich abends auf ihn. Eines Abends rief ich Marc nach Feierabend an, um zu hören, wann er in etwa zu Hause wäre.

Er nahm das Gespräch nicht an. Ich dachte mir nichts dabei. Eine Stunde später rief ich wieder an, weil ich wissen wollte, ob wir mit dem Essen warten sollten oder nicht.

Er ging nicht ans Telefon, also aßen Lena und ich vor. Gegen acht Uhr ging Lena schlafen. Marc war immer noch nicht aufgetaucht, das war gar nicht seine Art. Meistens kam er gegen 19.30 – 19.45 Uhr heim, und er rief auch immer an, wenn er das Büro verließ. An diesem Abend war alles anders. Nachdem Lena im Bett lag, versuchte ich Marc noch einmal zu erreichen. Er ging immer noch nicht an sein Telefon. Den Rest des Abends saß ich allein auf der Couch und machte mir Gedanken, warum er sich nicht meldete, und einfach sagte, dass es später würde.

Gegen dreiundzwanzig Uhr klingelte das Telefon. Marc stotterte in den Hörer, dass er noch mit seinem Chef im Büro gesessen und das Telefon nicht gehört hätte.

Da wusste ich: Etwas stimmte nicht. Warum redete er so komisch mit mir? Warum war er verlegen, versuchte sich mir zu erklären? Gegen Mitternacht schloss er die Haustür auf. So spät war er noch nie nach Hause gekommen. Er küsste mich flüchtig und verschwand in der Küche. Ich sagte an diesem Abend nichts und ging zu Bett. Am nächsten Morgen fragte ich ihn: „Wird es heute auch wieder spät?"

„Ich weiß es noch nicht, aber ich melde mich."

Nachdem die Kinder und Marc das Haus verlassen hatten, war ich allein. Ich räumte auf, kümmerte mich um den Einkauf, und mittags aß ich mit Lena eine Kleinigkeit. Der Tag verging wie im Fluge, und schon war es abends. Lena machte sich fürs Bett fertig. In der Zwischenzeit kochte ich für Marc. Es war fast zwanzig Uhr, wieder war das Essen fertig, aber keine Spur von Marc. Ich rief ihn an, um zu hören, wann er käme. Leider bekam ich keine Antwort, und Lena ging ins Bett, ohne ihrem Papa gute Nacht zu sagen.

„Warum ist Papa wieder nicht da?", fragte sie.

„Er hat viel Arbeit, weißt du."

„Wann kommt er denn?"

„Ich weiß es nicht, aber ich verspreche dir, wenn er kommt, dann schaut er in dein Zimmer und gibt dir einen Kuss. Abgemacht?"

„Ja Mama."

Sie schlief wenig später ein. Ich saß im Wohnzimmer. Das Essen stand auf dem Herd. Ich versuchte Marc zu erreichen, aber er ging nicht ans Telefon.

Die Angst verschloss mir den Hals. Er wollte mich doch anrufen. Warum hielt er sein Wort nicht?

Gegen dreiundzwanzig Uhr klingelte das Telefon. Wieder diese stotternde, zittrige Stimme. Wieder diese Verlegenheit, das Erklären wollen. Wieder musste der Chef herhalten: Sie hätten gearbeitet und das Telefon nicht gehört. Marc kam gegen Mitternacht. Alles verlief wie am Vortag. Aber diesmal schwieg ich nicht. Ich war wütend, wollte wissen, wo er gewesen war.

„Ich komme von der Arbeit, woher denn sonst?"

„Du wolltest doch anrufen. Ich habe auf deinen Anruf gewartet."

„Sorry, das habe ich bei all dem Stress vergessen."

Marc war plötzlich ein Anderer geworden, ich erkannte ihn nicht wieder.

„Hast du jemanden kennengelernt? Triffst du dich mit einer Frau?"

„Nein, wie kommst bloß darauf? Was du immer denkst …"

Ich ging ins Bett. Am nächsten Morgen, als ich allein war, dachte ich über den Vortag nach. Ich konnte mir Marcs Verhalten nicht erklären. Mit seiner Antwort war ich auch nicht zufrieden. Warum war er auf einmal so merkwürdig?

Unser Jahrestag näherte sich, und natürlich hoffte ich, dass er etwas vorbereitet hätte. Zum ersten Mal, seit wir ein Paar waren, hatte er ihn vergessen. Wir waren an dem Tag in seiner Firma zum Grillen eingeladen. Dort sprach mich eine Mitarbeiterin an: „Sagen Sie mal, was haben Sie mit Ihrem Mann angestellt? Jetzt geht er neuerdings ja immer pünktlich."

Immer noch war ich schwer von Begriff, empfing die Botschaft nicht, weil er zwei Tage so spät nach Hause gekommen war. An die anderen Tage, wo er pünktlich kam, dachte ich nicht. Das war für mich „normal" gewesen. Aber sein Verhalten mir gegenüber hatte sich verändert.

Unschlüssig, was ich tun sollte, fragte ich ihn an einem Wochenende: „Du, sollen wir was ändern?" Ich spürte, dass unsere Beziehung nicht mehr funktioniert. „Sag mir, was können wir tun?"

„Es ist doch alles gut! Warum sollen wir was ändern? Dann geht doch viel zu viel kaputt."

In der Küche überlegte ich, wie ich diese Antwort verstehen sollte. Ich war erstarrt und gleichzeitig alarmiert. Was wollte er mir sagen? Was war seine eigentliche Botschaft? Ich grübelte und grübelte.

Kurz darauf musste Marc auf Geschäftsreisen, nach Hamburg, Flensburg und mit seinen Kollegen zum Oktoberfest nach München und wieder nach Hamburg. Als er zum Oktoberfest fuhr, sagte ich: „Das ist doch wunderbar, dann kann ich ja mitkommen. Wir machen es uns richtig schön, so wie früher." Und ich redete weiter, machte Pläne. „Falls du auch arbeiten musst, kann ich auch eine meiner Freundinnen mitnehmen, und wir machen einen Frauenausflug. Wir treffen uns dann abends im Hotel. Was meinst du?"

Da flippte er aus. „Was hast du denn für Ideen? Was willst du überhaupt dort?"

„Ich war auch noch nie auf dem Oktoberfest – so wie du. Das wäre doch schön. Deine Kosten werden von der Firma getragen. Warum sollten wir das nicht für uns nutzen?"

„Du hast da überhaupt nichts zu suchen. Außerdem treffe ich dort Kunden."

Mir fehlten die Worte. So hatte er noch nie mit mir gesprochen. Ich war wütend.

Als er nach München flog, verabschiedete er sich mit einem flüchtigen Kuss, und schon war er weg. Vom Hotel aus meldete er sich und sagte, dass er gut angekommen sei. Sein Kollege Uli stand auch im Raum.

„Habt ihr euch die Trachtenhosen gekauft? Davon habt ihr doch fast die ganze Zeit geredet."

„Nein, noch nicht."

„Was habt ihr jetzt vor?"

„Warte, ich frage mal Uli."

Ich hörte ihr Gespräch im Hintergrund.

„Was machen wir denn jetzt?" Das war die Stimme meines Mannes.

„Ne, und du im Dirndl is dat net wat kalt an die Beine."

„Wer läuft denn bei euch im Dirndl rum?"

„Er redet von dir."

Ich konnte das nicht verstehen, denn ich ging ja nicht mit ihnen über das Oktoberfest. Später sprach ich Marc noch einmal darauf an.

„Uli hat doch mich gemeint, Herrgott noch mal!"

Ich verstand das Ganze nicht. Es klang so unecht, so aufgesetzt aus seinem Mund.

Meine Unruhe wuchs je mehr sich Marc in Widersprüchlichkeiten verheddert. Musste ich mir wirklich Sorgen machen oder war ich selbst überspannt und bildete mir alles nur ein?

Wenig später rief Marc mich vom Oktoberfest an. Wir unterhielten uns über die Stimmung. Plötzlich hörte ich eine helle weibliche Stimme, die „Marc" rief. Sofort sagte mein Mann: „Schatz, ich muss Schluss machen, da kommen die Kollegen."

Er legte auf. Am liebsten wäre ich ins Auto gesprungen und nach München gefahren. Aber ich behielt die Contenance. Erst am Abend meldete Marc sich wieder und erzählte, dass sie gerade ins Hotel zurückgekehrt wären.

„Ich bin ein bisschen beschwipst und richtig müde."

Wir wünschten uns eine gute Nacht und legten auf.

Am nächsten Morgen rief ich Marc an, um ihm guten Morgen zu wünschen. Sein Kollege Uli fragte ihn: „Wer ruft denn in dieser Herrgottsfrühe hier an, also ehrlich. Du hast doch alles hier."

„Das ist meine Frau."

Wenige Sekunden später legte er auf, weil sie zum Frühstück gingen. Ich hockte unschlüssig herum, als das Telefon wieder klingelte. Meine Freundin rief an und fragte mich, ob ich heute zu ihr käme.

„Ich muss später Marc vom Flughafen holen."

„Schade", sagte sie. Wir sprachen noch über dieses und jenes und wünschten uns einen schönen Tag. Der Tag verlief wie viele Tage, nur meine Gedanken waren woanders. Lena kam aus der Schule und machte Schulaufgaben, ich erledigte den Haushalt und grübelte. Am frühen Nachmittag rief Marc an. „Ich rauche nur noch eine, und dann geh ich in den Flieger. Bald bin ich wieder da."

„Ich muss nach Lena sehen, sie macht gerade ihre Hausaufgaben."

Ich erzählte ihm nicht, dass wir später am Flughafen sein würden.

Dort warteten wir zwei Stunden später. Wir hatten uns ein wenig versteckt, um ihn zu überraschen. Marc war sprachlos. Vom Flughafen fuhren wir in die Stadt. Er lud uns in die Eisdiele ein. Mir war nicht wohl, was Marc sofort bemerkte. „Was ist los, Schatzi? Du bist so still."

„Mir geht es nicht gut."

„Willst du lieber nach Hause?"

„Wenn du so fragst: ja."

Dort legte ich mich für den Rest des Abends auf die Couch, auf der ich irgendwann einschlief.

Marc musste am nächsten Tag wieder zur Arbeit. Mir ging es immer noch nicht besser, ich fühlte mich nicht wohl in meiner Haut. Trotzdem wusch ich seine Wäsche, weil er nach Hamburg musste. Warum war ich viel mehr allein als sonst? Nie zuvor war Marc so oft weg gewesen wie in diesem Monat. Der September neigte sich zum Ende hin. Es kam endlich etwas Ruhe in unsere Beziehung.

Oder war es nur die Ruhe vor dem Sturm?

Kapitel 10

An einem Wochenende lagen meine Tochter und ich gemütlich im Bett. Wir schauten uns Bilder auf dem Handy an.

„Schau mal, Mama, da ist Papa und noch jemand."

Ich sah mir das Bild an. Zuerst konnte ich Marc nicht erkennen, weil er nur in einer Glasscheibe zu sehen war, wo man auch ein Flugzeug sah. Doch dann erkannte ich meinen Mann, aber er war nicht allein. Da war noch ein Schatten zu sehen, wie ein Kopf, der auf seiner Brust klebte. Ich stand auf und stellte Marc, der auf der Couch schlief, zur Rede. Natürlich stritt er alles ab und fuhr sich mit beiden Händen über sein Gesicht, als ob er sich verstecken wollte.

„Da ist doch nichts zu sehen", sagte er, obwohl er sich das Foto noch nicht einmal angesehen hatte. Ich verließ wütend die Wohnung, nahm sein Handy mit und fuhr zu meiner Freundin. Auf der Fahrt heulte ich vor Wut und Enttäuschung. Natürlich war dort etwas zu sehen. Aber alles war unklar, wenig scharf, wir konnten es nicht gut genug erkennen, was es sein sollte.

Der Boden unter meinen Füßen war wie weg; ich fühlte mich leer, fast tot. Marc hatte mir das Herz herausgerissen, ich konnte nicht klar denken, meine Gefühle fuhren Achterbahn. Als ich bei meiner Freundin ankam, erschrak sie über meinen Anblick. Noch nie hatte ich so verstört ausgesehen.

„Was ist denn mir dir los?"

Ich zeigte ihr das Bild. Ihr Mann kam ebenfalls hinzu. Zuerst konnten sie nichts erkennen. Es ging ihnen genauso wie mir vorher, doch dann, als sie genauer hinsahen, erkannten sie Marc – und das dort noch jemand anderes war. Meine Freunde sind italienischer Herkunft, und um mich zu schützen, sagte ihr Mann zu ihr auf italienisch: „Wir halten uns daraus."

Ich konnte die beiden verstehen. Sie waren schließlich mit Marc und mir befreundet. Trotzdem war ich auch wütend, denn Gudrun war meine Freundin. Wenig später rief mich Marc auf seinem Handy an und bat mich, nach Hause zu kommen. „Ich erkläre dir alles."

Ich blieb noch etwas bei Gudrun und fiel zur Ruhe. Nach einem Kaffee und einer Zigarette fuhr ich nach Hause.

Dort setzten Marc und ich uns an den Tisch. Er sah sich das Bild genauer an und malte auf den Schatten ein Gesicht, oder zumindest zog er die Linien nach von dem, was man erkennen konnte. Wenn nichts ist, gibt es nichts zu malen, denke ich heute immer noch, und mein Misstrauen war geweckt. Wieder lauerte da dieses Gefühl, das da noch mehr war. Ich sprach Marc auf das Oktoberfest an, erwähnte die Gespräche am Telefon. Ich fragte ihn, warum er mir so merkwürdige Antworten gegeben hatte. Warum hatte er gesagt, dass sie gemeinsam das Bahn Ticket nach München gekauft hätten oder alle beim Geocaching gesucht hätten.

„Wer sind denn ‚wir alle'?", fragte ich.

„Mein Arbeitskollege Uli und ich natürlich."

Ich überlegte kurz. „Das verstehe ich nicht, Marc, denn wenn man ‚wir alle' sagt, meint man doch mehr als zwei sind. Oder?"

Marc blieb bei seiner Version. Es war nichts geschehen. Niemals hatte er eine andere Frau an seiner Seite gehabt.

Aber warum verhielt er sich mir gegenüber so abweisend? Sah ich Trugbilder? War es vielleicht doch nur durch seine Arbeit?

Körperlich ging es mir zu dem Zeitpunkt nicht gut. Ich hatte Wahrnehmungsstörungen, litt unter Depressionen und Ängsten. Mein Rücken schmerzte und meine Beine waren taub, so dass ich nur schlecht laufen konnte. Was sollte ich davon bloß halten?

Mein Körper schmerzte, mit den Medikamenten hatte ich Probleme, und ich hatte das Gefühl, dass mein Arzt mit mir überfordert war. Ich hatte ihn darauf aufmerksam gemacht, dass ich kränker wurde, sobald ich meine Tabletten einnahm, aber er ging nie wirklich darauf ein. Immer standen die Werte der Schilddrüse im Vordergrund, und so kam ich mir nicht selten wie eine Simulantin vor. Sobald ich meine Medizin genommen hatte, starrte ich nur noch Löcher in die Wand, so als befände mein Körper sich im Raum, aber mein Geist auf einen anderen Planeten. Ich hatte Ekzeme an Händen und Füßen. „Das kann nicht von den Medikamenten kommen", konstatierte mein Arzt trocken.

Wir machten einen Test und setzten die Medikamente ab. Sofort gingen die Ekzeme zurück, und das Medikament wurde durch ein neues ersetzt. Trotzdem hatte ich Probleme mit meinem Rücken, konnte kaum laufen und nicht mehr meinen Haushalt führen.

Dazu die Sorgen mit Marc. Mein Gefühl sagte mir, dass ich Beweise genug gesammelt hätte, aber sie waren nicht aussagekräftig genug. Dieses Hin und Her brachte mich fast um den Verstand. Er stritt alles ab. Jeden Tag spürte ich neue Hinweise auf, aber immer hielt Marc daran fest: Da ist nichts. Ich kann nicht sagen, ob alles, was ich in dieser Zeit getan habe, in Ordnung gewesen ist. Wenn die Gefühle Achterbahn fahren, verliert man schnell das Gleichgewicht.

Sogar meine Schwester fragte mich, was mit mir los sei, denn sie konnte mich auch nicht verstehen. Für mich war es, als wenn sich alle gegen mich verschworen hätten. Ich fühlte mich allein, verlassen, verraten.

Woran lag es? War mein Selbstbewusstsein durch die Medizin angeschlagen worden? Oder war Marc einfach nur ein genialer Schauspieler? Einbildung oder Realität flossen für mich ineinander.

Es war eine sehr schmerzhafte Zeit, so schmerzhaft, dass ich überlegte, meine Ehe nach vierzehn Jahren zu beenden. Mir blieb nichts. Ich war mit meinen Kräften am Ende und dachte: „Wenn alle gegen mich sind, kann ich auch gehen."

Ich war völlig gefühllos, spürte keine Liebe in mir. Das Einzige, was ich spürte, waren Schmerzen. Mein Verhalten lässt sich nicht erklären. Ich war nicht mehr ich selbst, und ob unsere Ehe Schaden genommen hat, werden wir im Laufe der Zeit sehen.

Kapitel 11

Meine Rückenprobleme verbesserten sich nicht. Deshalb wurde ich im Oktober 2015 operiert. Ich wies die Ärzte auf mein Hashimoto hin. Dazu kamen katastrophale Blutwerte.

Ich hatte Glück im Unglück. Ohne Operation stand ich kurz vor einer Querschnittslähmung wegen der Kanalverengung (einer lumbalen Wirbelkanalspinose).

Nachdem ich aus der Narkose erwacht war, musste ich sechsunddreißig Stunden liegen, weil sie unter Operation die Dura mater spinalis angekratzt hatten. Die Dura mater ist die harte Rückenmarkshaut, von der man die Rückenmarkprobe entnimmt.

Das Bild zeigt das Gewebe, das während der Operation aus dem Spinalkanal entfernt wurde. Die ersten Tage nach der Operation waren anstrengend. Ich hatte meinen Körper nicht unter Kontrolle, zitterte vor Anstrengung, und ohne Hilfe konnte ich mich nicht bewegen. Ich schaffte auch nicht die fünf Meter bis zum Waschbecken.

Doch die Genesung schritt gut voran. Nach sieben Tagen verließ ich das Aachener Klinikum ohne Schmerzen, und einige Wochen später fing ich in der Reha an. Dort hatte ich erst Probleme mit dem Aufbau der Muskulatur. Nach jahrelangen Schmerzen ohne Training waren meine Beine schlapp, und vor allem mein linkes Bein kam nicht mit, wie es sollte. Ich zog das Bein nach, und es war nicht möglich, eine stabile Muskulatur aufzubauen. Leider ist es bis heute so geblieben.

Mit dem Hashimoto stand ich zu dieser Zeit auf schweren Kriegsfuß. Er machte in der Reha mit mir, was er wollte. Ich wollte Aufbau, er betrieb mit mir Abbau. Mein Puls war erhöht, was mir nicht erlaubte, am Sport teilzunehmen. Ich schwindelte, mein Kreislauf machte schlapp, ich war ausgepowert und müde. Das Denken fiel mir schwer. Aber ich war einfach nur glücklich, dass ich wieder richtig laufen konnte.

Damals lernte ich Hashimoto als ein Teil meines Lebens zu respektieren. Ich akzeptierte ihn, weil er zu meinem Leben gehört. Ich hielt mich an bestimmte Regeln, beschloss, nicht mehr gegen ihn zu kämpfen. Denn das hatte ich gelernt: Umso mehr ich gegen ihn kämpfte, umso stärker kämpfte er gegen mich.

Er brodelte in mir wie die die Lava in einem Vulkan. Jetzt gebe ich meinem Körper die Ruhe, die er braucht. Ich schlafe früh, halte mich nicht mehr bis zur Übermüdigkeit wach. Ich achte auf meine Ernährung: Nach achtzehn Uhr nehme ich keine Kohlehydrate zu mir.

So bleiben die Hitzewellen aus, und ich schlafe besser. Ich mache mir nicht mehr so viele Gedanken um meinen Freund, wie ich Hashimoto heute nenne. Wenn er mir wieder in die Quere kommt, sage ich zu ihm:

„Hallo, da bist du ja wieder." Dabei versuche ich immer ganz ruhig zu bleiben. Solange ich mich nicht gegen ihn stelle, kann ich es auch einigermaßen ertragen. Manchmal übertreibt er es. Dann schimpfe ich mit ihm. Ich weiß, dass es sich verrückt anhört, wenn man dieses liest, aber es funktioniert. Ich unterhalte mich mit Hashimoto wie mit einer Person, die vor mir steht.

Selten lässt er mich einen Tag in Ruhe. Dann meldet er sich wieder und möchte sich mit mir beschäftigen. Wie kleine Kinder, die einen auffordern zu spielen. Ich frage ihn manchmal: „Na, was hast du dir den heute für mich ausgedacht? Kannst du mich nicht einmal in Ruhe lassen?"

Manchmal beschäftigt er sich mit meiner Haut, lässt sie schuppig werden, als ob es schneien würde. Dann sorgt er dafür, dass mein Gesicht aufquillt und Flecken hat. Er lässt mein Gehirn matschig werden, sodass ich nicht mehr richtig denken kann.

Neulich war ich mit Marc beim Hausarzt. Marc erzählte ihm, dass er es nicht mehr lange aushalten würde.

„Immer, wenn Birgit ihre Medikamente nimmt, leidet sie an Halluzinationen. Das halte ich auf Dauer nicht aus. Dann ist es aus und vorbei mit Birgit und mir."

Mein Arzt wurde hellhörig. Er fragte einen Spezialisten um Rat. Da meine Blutwerte wieder utopisch waren und ich einen TSH Wert von über hundert hatte, fragte er schelmisch: „Wollen Sie unbedingt ins Guinnessbuch der Rekorde? So was habe ich noch nie erlebt, wirklich."

„Glauben Sie bloß nicht, ich hätte mir das ausgesucht."

Ich bekam als letzten Versuch ein flüssiges Hormon verabreicht, weil ich bisher auf alle Tabletten reagiert hatte. Jetzt blieb nur noch diese flüssige Substanz übrig.

Seit ich dieses flüssige Hormon zu mir nehme, geht es bergauf. Ich komme gut damit zu recht; bin wacher geworden. Weil auch die Dosis des flüssigen Hormons langsam gesteigert wurde, dauerte es, bis meine Werte fielen.

In dieser Zeit langweilte Hashimoto sich und suchte sich ein neues Hobby. Er ließ mein Körper zittern und vibrieren. Plötzlich fing es mit Zuckungen in den Beinen an. Meine Beine waren ununterbrochen in Bewegung, dieses Gefühl war kaum zu ertragen, wenn sie zuckten. Ich kam mir vor wie bei Forrest Gump, der immer nur lief. Ich schämte mich für meine Beine, und trug nur noch lange Hosen, damit man das Zucken nicht sah. Wenig später zuckte ich so stark, dass es durch die Hose sichtbar zu erkennen war. Jeder fragte: „Was ist das?"

Hashimoto denkt sich immer wieder Neues aus, um mich in Atem zu halten. Im Oktober 2017 wurde ich gründlich untersucht. Die Ärzte waren unschlüssig, was mir wirklich fehlte. Da war alles vertreten, von Restless Leg Symptom bis hin zur Diagnose ALS (*Amyotrophe Lateralsklerose*).

Es fing mit Muskelkrämpfen und Zuckungen an, so dass ich nicht mehr schlafen konnte. Fehlte mir Magnesium? Ich bekam einen Monat Magnesium-Präparate, aber es wurde nicht besser, sondern schlimmer. Meine Beine zuckten, machten sich selbstständig, ich konnte sie nicht mehr kontrollieren.

Der Orthopäde tippte auf das Restless Leg Syndrom. Aber Restless Leg hat man nur nachts, während ich es rund um die Uhr, ohne Pause, hatte. Ich wurde zu einem Neurologen überwiesen. Er diagnostizierte eine PAVK Erkrankung, d.h. eine Durchblutungsstörung der Beine.

In dieser Zeit gingen mir grauenvolle Gedanken durch den Kopf. Danach wurde ich zu einem Gefäß Chirurgen überwiesen, der wiederum keine PAVK in Betracht ziehen konnte. Er verpasste mir dann den nächsten Schock.

ALS.

Ich war am Boden zerstört, hatte Angst. Mit dieser Diagnose hatte keiner gerechnet.

Auf den Weg nach Hause dachte ich an meine Kinder, grübelte über mein Leben. Vor allem dachte ich an die Worte einer Bekannten, die gesagt hatte: „Wenn ich deine Beine sehe, weiß ich sofort, was du hast. So sah meine Schwester auch aus. Die starb fünf Jahre, nachdem sie erkrankt war."

Angst schnürte meinen Hals zu. Ich konnte nicht mehr schlafen. Ich träumte von meiner Beerdigung. Ich fürchtete, dass ich meine Kinder nicht aufwachsen sehen würde. Schließlich bat ich meine Schwester mir zu helfen. Ich wollte meine Familie absichern.

„Bitte, kümmere du dich um meine Kinder, wenn ich nicht mehr da bin." Solche morbiden Gedanken machte ich mir. Als ich ins Krankenhaus ging, hoffte ich, dass es alles nur ein böser Traum war, aus dem ich irgendwann erwachen würde.

Die Ärzte im Uniklinikum Aachen stellten mich auf den Kopf, aber sie machten mir wenig Mut. Der Verdacht erhärtete sich mehr und mehr wegen der Symptome wie Zungenzittern, der Abbau der Muskeln in der Handfläche und das Zittern am ganzen Körper. Die Diagnose lautete ALS.

Das ganze Wochenende rannte ich ruhelos umher, weinte, wollte aus meinem Körper. Ich flehte Gott an, dass dieser Alptraum bitte nicht wahr werden würde. Marc versteckte seine Gefühle. Wir erzählten den Kindern nichts.

„Wenn Sie mir diese Diagnose geben", sagte ich zu den Ärzten, „dann geben Sie mir gleich eine Einzelfahrkarte nach Amsterdam."

Ich wollte aktive Sterbehilfe, wenn ich nicht geheilt werden könnte, um selbst zu entscheiden, wann ich

Abschied nehmen würde. Mir gingen in diesen Tagen die schlimmsten Gedanken durch den Kopf. Mein Leben war ein Alptraum. Ich war gefangen in einem Körper, in dem ich nicht mehr sein wollte.

Montag früh kamen die Ärzte ins Zimmer. Ich musste mich komplett frei machen. Sie beobachteten meinen Körper, ohne mir einen Hoffnungsschimmer zu geben.

„Könnte es nicht sein, dass dies wieder eine Reaktion auf meinen Hashimoto ist?"

„Absolut nicht. Warten Sie ab, bis alle Untersuchungen abgeschlossen sind."

„Ich habe aber Angst."

„Wenn die Untersuchung heute gut geht, dürfen Sie sogar nach Hause."

Bei dieser Untersuchung wurde eine Nadel in meinen Kopf gesteckt. Ein Band wurde am dicken Zeh befestigt. Dann drehten die Ärzte an einem Rädchen, und Strom floss durch meinen Körper. Ich stand buchstäblich unter Strom, und zwar ca. fünfzehn Minuten. Das war sehr unangenehm. Als ich zurück auf die Station kam, gab ich die Untersuchungsergebnisse im Schwesternzimmer ab.

„Wie sind meine Blutwerte?", fragte ich.

„Warten Sie, ich schaue nach." Die Krankenschwester sah in den Computer.

„Die sind ja völlig aus dem Rahmen. Andere lägen damit schon längst auf der Intensiv, und Sie laufen hier herum, als wenn nicht los ist."

Ich ging auf mein Zimmer und wartete, bis ich zu einer Untersuchung gerufen wurde. Das war sicher kein gutes Zeichen. Am Aufzug kam mir auch schon Marc und Lena entgegen. Sie begleiteten mich zur Untersuchung. Ich wartete auf der Pritsche und dachte an den Deal, den ich mit dem Oberarzt abgeschlossen hatte.

„Sie geben mir ein gutes Ergebnis, und ich gebe Ihnen Brezeln." Das hatten wir abgemacht. Ich klammerte mich an jeden Strohhalm Hoffnung.

Nach wenigen Minuten kam der Oberarzt. Erst beruhigte er mich und sagte, dass soweit alles im grünen Bereich sei. Nur meine Blutwerte machten ihm Sorge. Deshalb wollte er sicherheitshalber diesen Test durchführen.

„Denken Sie an unseren Deal!"

Er lachte. „An Humor fehlt es Ihnen nun wirklich nicht. Schauen wir mal, was Sie sagen, wenn Sie fertig sind."

Zuerst desinfizierte er die Haut, malte zwei Punkte auf meine Wade und nahm einen Stab mit Nadel. Mit der Nadel stach er in meinen Muskel. Das tat verdammt weh. Mir schossen Tränen in die Augen. Ich spürte die Nadel noch, als sie längst wieder draußen war. Zweimal stieß er zu.

„Frau Rückenwind, herzlichen Glückwunsch, Sie haben kein ALS."

Ich weinte, so erleichtert war ich, und hätte in diesem Augenblick die Welt umarmen können. Der Oberarzt

freute sich sichtlich mit mir. Ich rannte aus dem Be-
handlungszimmer zu Marc und Lena.

„Ich bin gesund!", heulte ich, spannte die Arme aus
wie Segel und lachte unter Tränen. Das war die
schönste und wertvollste Nachricht an diesem Tag.
Ich durfte meinen zweiten Geburtstag feiern. Es war
der 02.10.2017.

Kurz darauf stellte man fest, dass meine Schilddrüse
an dem ganzen Desaster schuld war. Leider konnte
mir der Arzt nicht sagen, ob die Beschwerden bleiben
oder abklingen würden.

Eigentlich war es mir auch egal. Wichtig war nur:
Ich war nicht sterbenskrank. Ich durfte leben. Auch
in Zukunft konnte ich für meine Kinder da sein.

Wir verließen das Krankenhaus mit Freude und Er-
leichterung. Ich dankte dem lieben Gott für diese
zweite Chance. In Zukunft würde ich mehr auf mich
achten. Zur Feier des Tages lud ich meine Familie zum
Essen ein. Ich hatte ein neues Leben geschenkt bekommen. Das war mein zweiter Geburtstag.

Nachwort

Liebe Leser,
kurz darauf entschied ich mich, meine Geschichte aufzuschreiben, um meine Erfahrungen mit anderen Menschen zu teilen, die dasselbe Schicksal ertragen und sich jeden Tag durchs Leben kämpfen müssen.

Ich möchte Ihnen Mut, Hoffnung und Selbstvertrauen geben. Schätzen Sie Ihr Leben und konzentrieren Sie sich nicht auf Ihre Erkrankung. Leben Sie Ihr Leben, so wie Sie es wollen. Nehmen Sie Ihre Krankheit an als eine Gabe, als eine Aufgabe, als eine Art Herausforderung, Ihr Leben selbst in die Hand zu nehmen.

Niemand, der nicht am Hashimoto erkrankt ist, kann hier mitreden. Sogar Ihr Partner erahnt nur, was in Ihnen vorgeht.

Für Sie als Betroffene ist es ein Leidensweg, der nie enden werden wird. Für die Angehörigen ist es eine Last. Möchten Sie auf Dauer eine Last sein? Sicher antworten Sie hier mit „Nein".

Ich habe mich nie aufgegeben, egal wie viele Steine mir in den Weg gelegt wurden. Das hat mich wachsen und reifen lassen, ich bin stolz auf mich. Das, was ich in meinem Leben durchgemacht habe, soll mir erst jemand nachmachen. Reden können viele, machen nur die Wenigsten.